Ricettario della dieta mediterranea per la famiglia

50 ricette facili e gustose per una salute che dura tutta la vita

Aurora Mameli

Tutti i diritti riservati.
Disclaimer

Le informazioni contenute in i intendono servire come una raccolta completa di strategie sulle quali l'autore di questo eBook ha svolto delle ricerche. Riassunti, strategie, suggerimenti e trucchi sono solo raccomandazioni dell'autore e la lettura di questo eBook non garantisce che i propri risultati rispecchieranno esattamente i risultati dell'autore. L'autore dell'eBook ha compiuto ogni ragionevole sforzo per fornire informazioni aggiornate e accurate ai lettori dell'eBook. L'autore e i suoi associati non saranno ritenuti responsabili per eventuali errori o omissioni involontarie che possono essere trovati. Il materiale nell'eBook può includere informazioni di terzi. I materiali di terze parti comprendono le opinioni espresse dai rispettivi proprietari. In quanto tale, l'autore dell'eBook non si assume alcuna responsabilità per materiale o opinioni di terzi.

Sommario

INTRODUZIONE

Se stai cercando di mangiare cibi che sono migliori per il tuo cuore, inizia con questi nove ingredienti sani della cucina mediterranea.

Gli ingredienti chiave della cucina mediterranea includono olio d'oliva, frutta e verdura fresca, legumi ricchi di proteine, pesce e cereali integrali con moderate quantità di vino e carne rossa. I sapori sono ricchi e i benefici per la salute per le persone che scelgono una dieta mediterranea, una delle più sane al mondo, sono difficili da ignorare: hanno meno probabilità di sviluppare ipertensione, colesterolo alto o diventare obesi. Se stai cercando di mangiare cibi che sono migliori per il tuo cuore, inizia con questi ingredienti sani della cucina mediterranea.

1.Patate al forno

ingredienti

- ❖ 2 libbre di patate piccole, tagliate a metà o in quarti
- ❖ olio extravergine di oliva, per condire
- ❖ sale marino e pepe nero appena macinato
- ❖ prezzemolo tritato finemente, per guarnire

condimento:

- ❖ 2 cucchiai di olio extravergine d'oliva
- ❖ 1 cucchiaino di scorza di limone
- ❖ 2 cucchiai di succo di limone
- ❖ 1 cucchiaino di senape di Digione
- ❖ 2 spicchi d'aglio, tritati
- ❖ 1 cucchiaio di rosmarino tritato
- ❖ 1/4 cucchiaino di fiocchi di peperone rosso
- ❖ 1/4 cucchiaino di sale marino
- ❖ Pepe nero appena macinato

PASSI

1. Preriscalda il forno a 425 ° F e fodera una grande teglia con carta da forno.

2. Condisci le patate con olio d'oliva, sale e pepe e distribuiscile uniformemente sulla teglia. Cuocere da 20 a 30 minuti o finché sono teneri e dorati sui bordi. La tempistica dipenderà dalle dimensioni e dalla freschezza delle tue patate.

3. In una piccola ciotola, sbatti insieme l'olio d'oliva, la scorza di limone, il succo di limone, la senape, l'aglio, il rosmarino, i fiocchi di peperoncino, il sale e il pepe.

4. Cospargere il condimento sulle patate cotte e mescolare delicatamente. Potrebbe non essere necessario tutto il condimento. Condire a piacere con più sale e pepe. Cospargere di prezzemolo e servire.

2. Focaccia al rosmarino

ingredienti

- ❖ 1 tazza di acqua calda, 105 ° a 115 ° F.

- ❖ 1 confezione di lievito secco attivo ($\frac{1}{4}$ di oncia), (2 $\frac{1}{4}$ cucchiaini)

- ❖ 1 cucchiaio di zucchero di canna

- ❖ 3$\frac{1}{2}$ tazze di farina per tutti gli usi, più una quantità per impastare

- ❖ 1 $\frac{1}{2}$ tazza di farina integrale

- ❖ 1 cucchiaio di sale marino

- ❖ $\frac{1}{2}$ tazza di olio extravergine di oliva, più una quantità per spennellare

- ❖ 1 bulbo di aglio arrosto, facoltativo

- ❖ 2 cucchiai di rosmarino tritato

- ❖ $\frac{1}{2}$ cucchiaino di fiocchi di peperone rosso, facoltativo

PASSI

1. In una ciotola media, mescola l'acqua, il lievito e lo zucchero. Mettere da parte per 5 minuti, finché il lievito non sarà spumoso.

2. Nella ciotola di una planetaria dotata di un gancio per impastare, posizionare le farine, il sale, $\frac{1}{4}$ di tazza di olio d'oliva e la miscela di lievito e mescolare a velocità media finché l'impasto non forma una palla attorno al gancio, da 5 a 6 minuti .

3. Trasferire l'impasto su una superficie leggermente infarinata e impastare più volte, spolverando con altra farina, se necessario, e formare una palla. Spennellare una grande ciotola con olio d'oliva e posizionare l'impasto all'interno. Coprire con pellicola trasparente e mettere da parte a lievitare fino a quando non sarà raddoppiato, da 40 a 50 minuti.

4. Rivestire una teglia da forno bordata da 10 × 15 pollici con il restante $\frac{1}{4}$ di tazza di olio d'oliva. Punzonare l'impasto, trasferirlo su una superficie leggermente infarinata e impastare più volte. Mettere l'impasto nella teglia e premere per stenderlo sui bordi della teglia. Capovolgere l'impasto e stenderlo di nuovo sui bordi. Fai delle rientranze con le dita, a distanza di pochi

centimetri, su tutto l'impasto. Coprite la teglia con la pellicola e lasciate lievitare fino a quando non avrà raddoppiato le dimensioni, circa 40 minuti.

5. Preriscalda il forno a 425 ° F. Rimuovere l'involucro di plastica. Tagliare a metà gli spicchi d'aglio arrostiti e spingerli sulla superficie dell'impasto. Cospargere con il rosmarino e i fiocchi di peperoncino e cuocere per 20 minuti, fino a doratura.

3.Patate dolci al forno due volte

ingredienti

- ❖ 4 patate dolci medie

- ❖ 4 tazze di piccoli fiori di broccoli

- ❖ 1 cucchiaino di olio extravergine d'oliva

- ❖ 1 spicchio d'aglio piccolo, tritato

- ❖ ½ cucchiaino di senape di Digione

- ❖ 1 cucchiaio di succo di limone fresco

- ❖ ⅓ scalogno tritato tazza

- ❖ 1 tazza di formaggio cheddar, facoltativo

- ❖ ¼ di tazza di semi di canapa

- ❖ ½ tazza di prezzemolo tritato e / o microgreens

- ❖ Sale marino e pepe nero appena macinato

- ❖ Crema di patate dolci e anacardi (questo rende extra)

- ❖ ½ tazza di acqua

- ❖ ½ tazza di purè di patate dolci

- ❖ ½ tazza di anacardi crudi, lasciati in ammollo per più di 4 ore e scolati

- ❖ 1 cucchiaio e mezzo di succo di limone fresco

- ❖ 1 spicchio d'aglio

- ❖ 2 cucchiaini di rosmarino fresco tritato

- ❖ $\frac{1}{2}$ cucchiaino di sale marino

- ❖ $\frac{1}{4}$ di cucchiaino di pepe nero appena macinato

PASSI

1. Preriscalda il forno a 400 ° F e fodera una teglia con carta da forno. Forare più volte le patate dolci con una forchetta e adagiarle sulla teglia. Cuocere per 45 minuti o finché sono teneri. Tagliare a metà e raccogliere un cucchiaio di purè da ciascuna metà per fare spazio al ripieno, $\frac{1}{2}$ tazza in totale. (Usalo per la crema di patate dolci e anacardi.)

2. Prepara la crema di patate dolci e anacardi: in un frullatore ad alta velocità, unisci l'acqua, la purea di patate dolci, gli anacardi, il succo di limone, l'aglio, il rosmarino, sale e pepe e frulla fino a che liscio. Mettere da parte.

3. Cuocere a vapore i broccoli in una pentola a vapore per 5 minuti o finché sono teneri ma ancora di un verde brillante.

4. In una ciotola media, unire l'olio d'oliva, l'aglio tritato, la senape di Digione, il succo di limone e lo scalogno e mescolare. Aggiungere i broccoli al vapore e qualche pizzico di sale e pepe e mescolare per ricoprire.

5. Riempire ogni metà di patata con una pallina di crema di anacardi, un po 'di formaggio cheddar (se utilizzato), il composto di broccoli, altro formaggio,

scalogno e cospargere con i semi di canapa. Cuocere per altri 10 minuti o finché il formaggio non si sarà sciolto. Guarnire con il prezzemolo e / o i microgreens e servire con la restante salsa di anacardi per bagnare. (consiglio: se la tua salsa di anacardi è troppo densa per condirla, aggiungi un po 'd'acqua fino a ottenere una consistenza più sottile).

4.Salsa Tahini

ingredienti

Salsa tahini base

- ❖ ½ tazza di tahini

- ❖ ¼ di tazza di succo di limone fresco

- ❖ 6 cucchiai d'acqua, più altra se necessario

- ❖ 1 spicchio d'aglio piccolo, grattugiato o pressato

- ❖ ½ cucchiaino di sale marino

- ❖ Tahini alla curcuma

- ❖ 1 ricetta salsa tahini base

- ❖ Da ½ a 1 cucchiaino di curcuma essiccata

- ❖ 1 cucchiaino di sciroppo d'acero o miele

- ❖ 1 cucchiaino di zenzero fresco grattugiato

- ❖ 1 cucchiaino di olio extravergine d'oliva

- ❖ Tahini verde

- ❖ 1 ricetta salsa tahini base

- ❖ Tazza colmo di coriandolo

- ❖ Riempiendo ¾ di tazza di prezzemolo

- ❖ ¼ di cucchiaino di cumino

- ❖ 1 cucchiaino di sciroppo d'acero o miele

- ❖ 1 cucchiaino di olio extravergine d'oliva

Tahini di barbabietola

- ❖ 1 ricetta salsa tahini base

- ❖ 1 barbabietola piccola, arrostita e pelata

- ❖ $\frac{1}{4}$ di cucchiaino di cumino

- ❖ $\frac{1}{4}$ di cucchiaino di coriandolo

- ❖ Acqua, per diluire, se necessario

PASSI

1. Prepara la salsa tahini base: in una piccola ciotola, mescola il tahini, il succo di limone, l'acqua, l'aglio e il sale marino.

2. Prepara il tahini alla curcuma: aggiungi la curcuma, lo sciroppo d'acero, lo zenzero e l'olio d'oliva a 1 ricetta della salsa tahini di base. Mescolare fino a quando combinato.

3. Prepara il tahini verde: metti 1 ricetta di salsa tahini base in un robot da cucina e aggiungi il coriandolo, il prezzemolo, il cumino, lo sciroppo d'acero e l'olio d'oliva. Frullare fino a quando combinato

4. Prepara il tahini di barbabietola: metti 1 ricetta di salsa tahini di base in un robot da cucina e aggiungi

la barbabietola arrostita, il cumino e il coriandolo. Frullare fino a che liscio, aggiungendo acqua se necessario.

5.Il miglior guacamole

ingredienti

- ❖ 3 avocado maturi

- ❖ $\frac{1}{4}$ di tazza di cipolla rossa a dadini

- ❖ $\frac{1}{4}$ di tazza di coriandolo tritato finemente

- ❖ Scorza e succo di 2 lime

- ❖ 1 jalapeño a dadini piccoli

- ❖ $\frac{1}{2}$ cucchiaino di sale marino grosso, più a piacere

- ❖ $\frac{1}{2}$ cucchiaino di cumino, facoltativo

- ❖ Tortilla chips, per servire

PASSI

1. In una ciotola grande, unisci gli avocado, la cipolla, il coriandolo, la scorza e il succo di lime, il jalapeno, il sale e il cumino. Schiaccia fino a quando gli ingredienti sono combinati ma ancora un po 'grossi. Condire a piacere.

2. Servire con tortilla chips.

6.Crema di anacardi

ingredienti

- ❖ 1 tazza di anacardi crudi *

- ❖ ½ tazza di acqua

- ❖ 2 cucchiai di olio extravergine d'oliva

- ❖ 2 cucchiai di succo di limone

- ❖ 1 spicchio d'aglio sbucciato

- ❖ ½ cucchiaino di sale marino

- ❖ Crema di anacardi

- ❖ Sostituisci 1 cucchiaio di succo di limone con 1 cucchiaio di aceto di vino bianco

- ❖ Aggiungere ½ cucchiaino di senape di Digione

- ❖ Aggiungere ¼ di cucchiaino di cipolla in polvere

PASSI

1. Metti gli anacardi, l'acqua, l'olio d'oliva, il succo di limone, l'aglio e il sale in un frullatore ad alta velocità e frulla fino a ottenere un composto omogeneo e cremoso.

2. Per la panna acida agli anacardi, prepara la ricetta

della crema di anacardi sostituendo 1 cucchiaio di succo di limone con 1 cucchiaio di aceto di vino bianco e aggiungi la senape e la cipolla in polvere per un sapore extra.

7.Vegan Seven Layer Dip

ingredienti

- ❖ 1 (14 once) può fagioli fritti

- ❖ 1 ricetta Guacamole di cavolo nero o guacamole classico, pulsato in un robot da cucina

- ❖ 1 tazza di pomodorini tagliati a metà

- ❖ $\frac{1}{2}$ mazzetto di scalogno, tagliato a dadini

- ❖ $\frac{1}{2}$ tazza di coriandolo tritato

- ❖ 1 jalapeño, tagliato a fettine sottili oa dadini, facoltativo

- ❖ Patatine tortilla

- ❖ Crema di anacardi

- ❖ 1 tazza di anacardi crudi

- ❖ $\frac{1}{2}$ tazza di acqua

- ❖ 2 cucchiai di olio extravergine d'oliva

- ❖ 2 cucchiai di succo di limone

- ❖ $\frac{1}{2}$ cucchiaino di sale marino

- ❖ Quinoa speziata

- ❖ 1 tazza e mezzo di quinoa rossa cotta

- ❖ 1 spicchio d'aglio, tritato

- ❖ 1 cucchiaino di peperoncino in polvere

- ❖ 1 cucchiaino di paprika affumicata

- ❖ $\frac{1}{2}$ cucchiaino di cumino

- ❖ $\frac{1}{2}$ cucchiaio di succo di lime fresco

- ❖ 1 cucchiaino di olio extravergine d'oliva

- ❖ $\frac{1}{2}$ cucchiaino di sale marino

- ❖ $\frac{1}{4}$ di cucchiaino di sciroppo d'acero

PASSI

1. Prepara la crema di anacardi: in un frullatore, unisci gli anacardi, l'acqua, l'olio d'oliva, il succo di limone e il sale marino e frulla fino a ottenere una crema. Lascia raffreddare fino al momento dell'uso.

2. Prepara la quinoa speziata: in una ciotola media, mescola la quinoa, l'aglio, il peperoncino in polvere, la paprika affumicata, il cumino, il succo di lime, l'olio d'oliva, il sale marino e lo sciroppo d'acero. Lascia raffreddare fino al momento dell'uso.

3. In un vassoio da portata 8x12 (o simile), sovrapponi i fagioli fritti, il guacamole di cavolo nero, la crema di anacardi e la quinoa speziata. Completare con i

pomodori, lo scalogno, il coriandolo, altra crema di anacardi e i jalapeños, se utilizzati. Servire con patatine.

8. Salsa al formaggio con pimento vegano

ingredienti

- ❖ 1 tazza e mezzo di anacardi crudi

- ❖ ½ tazza di acqua, più se necessario per frullare

- ❖ 3 cucchiai di succo di limone fresco

- ❖ 2 cucchiaini di senape di Digione

- ❖ 1 cucchiaino di sriracha

- ❖ 2 cucchiai di peperoni in vaso, più se lo si desidera

- ❖ 1 spicchio d'aglio

- ❖ ½ cucchiaino di paprika affumicata

- ❖ ½ cucchiaino di sale

- ❖ Pepe nero appena macinato

- ❖ 1 cucchiaino di erba cipollina tritata, per guarnire

- ❖ Servire con:

- ❖ Cracker

- ❖ Verdure a fette (ravanelli, sedano o verdure a scelta)

PASSI

1. In un frullatore ad alta velocità, unire gli anacardi, l'acqua, il succo di limone, la senape di Digione, la sriracha, i peperoni pimento, l'aglio, la paprika affumicata, il sale e un generoso pizzico di pepe. Frulla fino a ottenere un composto omogeneo, usando il bastone del frullatore per mantenere la lama in movimento. Se il composto è troppo denso, aggiungi gradualmente altra acqua fino a che liscio. Lascia raffreddare fino al momento dell'uso.

2. Guarnire la salsa con l'erba cipollina tritata e servire con cracker, sedano e ravanelli per intingere.

9 Tomatillo Salsa Verde

ingredienti

- ❖ 6 pomodori medi

- ❖ 1/4 di cipolla gialla media, tagliata a pezzi grandi

- ❖ 1 peperone serrano o jalapeño, con gambo * (vedi nota)

- ❖ 2 spicchi d'aglio, non pelati, avvolti nella carta stagnola

- ❖ 1 cucchiaio e mezzo di olio extravergine d'oliva

- ❖ 1 cucchiaio e mezzo di succo di lime fresco

- ❖ $\frac{1}{4}$ di tazza di coriandolo tritato

- ❖ Da 1/2 a 3/4 cucchiaino di sale marino a piacere

PASSI

1. Preriscalda il forno a 450 ° F e fodera una teglia con carta da forno.

2. Rimuovere le bucce dai tomatillos e sciacquare sotto l'acqua fredda per rimuovere la collosità. Mettere i tomatillos, la cipolla e il pepe sulla teglia, irrorare con l'olio d'oliva e un generoso pizzico di sale e mescolare. Metti l'aglio avvolto nella padella.

Cuocere per 15 minuti o fino a quando i tomatillos sono morbidi.

3. Scartare l'aglio dalla pellicola, sbucciarlo e metterlo nella ciotola di un robot da cucina. Aggiungere le verdure arrostite, il succo di lime, il coriandolo e il legume. Se la salsa è troppo densa, aggiungi da 1 a 2 cucchiai di acqua fino a ottenere la consistenza desiderata. Condire a piacere.

4. Servire con patatine o con la tua ricetta messicana preferita.

10.Zucchini Noodles

ingredienti

- ❖ 3 zucchine medie
- ❖ semplici suggerimenti di servizio:
- ❖ con limone, olio d'oliva, sale marino e parmigiano
- ❖ con salsa marinara
- ❖ al pesto
- ❖ con pomodori arrostiti
- ❖ con verdure grigliate o arrostite

PASSI

1. Scegli il tipo di pasta che desideri preparare e segui le istruzioni per ciascuna opzione di seguito.

2. Per gli "spaghetti" ricci con uno spiralizer da banco: blocca lo spiralizer al piano di lavoro. Taglia la punta delle zucchine e fissala tra la lama ei denti della spirale. Gira la maniglia per preparare le tagliatelle.

3. Per le tagliatelle lisce con "capelli d'angelo" usando un pelapatate a julienne: tieni semplicemente le zucchine con una mano e tira il pelapatate a julienne sulle zucchine per formare delle strisce.

4. Per le "fettuccine" con una mandolina e un coltello: affetta sottili assi di zucchine con la mandolina, quindi taglia quelle assi a strisce delle dimensioni di una fettuccina.

5. Per le "pappardelle" con un normale pelapatate: usa il pelapatate per sbucciare semplicemente strisce sottili di zucchine.

6. Servire le tagliatelle di zucchine crude con una salsa tiepida (il calore della salsa cuocerà delicatamente le tagliatelle senza renderle mollicce). Oppure scalda una padella a fuoco medio, spennella con olio d'oliva, aggiungi le tagliatelle e scalda 1 minuto, o fino a quando non si è appena riscaldato. Rimuovere e servire con le salse e i condimenti desiderati.

11 Spaghetti Squash

ingredienti

- ❖ 1 zucca spaghetti

- ❖ olio extravergine d'oliva

- ❖ sale marino e pepe nero appena macinato

PASSI

1. Preriscalda il forno a 400 ° F.

2. Tagliare gli spaghetti a metà nel senso della lunghezza e raccogliere i semi e le costolette. Condire l'interno della zucca con olio d'oliva e cospargere di sale e pepe.

3. Metti gli spaghetti di zucca con il lato tagliato verso il basso sulla teglia e usa una forchetta per fare i buchi. Cuocere per 30-40 minuti o fino a quando non sono leggermente dorati all'esterno, forchetta teneri, ma ancora un po 'sodi. Il tempo varierà a seconda delle dimensioni della tua zucca. Trovo anche che i tempi possano variare da squash a squash.

4. Sfornare e capovolgere la zucca in modo che sia tagliata verso l'alto. Quando è freddo al tatto, usa una forchetta per raschiare e pelare i fili dai lati

della zucca.

12. Cipolle rosse sott'aceto

ingredienti

- ❖ 2 cipolle rosse piccole
- ❖ 2 tazze di aceto bianco
- ❖ 2 tazze d'acqua
- ❖ 1/3 di tazza di zucchero di canna
- ❖ 2 cucchiai di sale marino
- ❖ opzionale
- ❖ 2 spicchi d'aglio
- ❖ 1 cucchiaino di pepe in grani misti

PASSI

1. Affetta sottilmente le cipolle (è utile usare una mandolina) e dividi le cipolle in barattoli da 2 (16 once) o 3 barattoli (10 once). Metti l'aglio e il pepe in grani in ogni barattolo, se lo usi

2. Riscalda l'aceto, l'acqua, lo zucchero e il sale in una casseruola media a fuoco medio. Mescolare fino a quando lo zucchero e il sale si saranno sciolti, circa 1 minuto. Lasciate raffreddare e versateci sopra le cipolle. Mettere da parte a raffreddare a

temperatura ambiente, quindi conservare le cipolle in frigorifero.

3. Le cipolle sott'aceto saranno pronte per essere mangiate una volta che saranno di un rosa brillante e tenere - circa 1 ora per le cipolle affettate sottilmente o durante la notte per le cipolle a fette più spesse.

13. Patatine fritte di patate dolci al forno

ingredienti

- ❖ 2 libbre di patate dolci, circa 2 grandi, tagliate a bastoncini da 1/4 di pollice

- ❖ Olio extravergine di oliva, per condire

- ❖ Sale marino, per spolverare

- ❖ opzioni per servire

- ❖ erbe fresche, come il prezzemolo tritato e / o il coriandolo

- ❖ pizzichi di fiocchi di peperone rosso

- ❖ Salsa Chipotle per immersione

PASSI

1. Preriscalda il forno a 450 ° F e posiziona le griglie di metallo all'interno di 2 teglie bordate. Ciò consente all'aria calda del forno di raggiungere tutti i lati delle patatine in modo da non doverle girare a metà cottura. Se non hai le griglie di metallo, puoi usare delle teglie rivestite di pergamena.

2. Mettere a bagno le patate dolci in una grande ciotola di acqua fredda per 30 minuti. Scolare, quindi asciugare tamponando.

3. Condire con olio d'oliva (quanto basta per ricoprire leggermente) e mescolare per ricoprire.

4. Distribuire le patate in uno strato uniforme sulle teglie / teglie in modo che ci sia spazio tra ogni frittura. Cuocere per 30-38 minuti o finché non sono dorati e croccanti ma non bruciati. I tempi possono variare a seconda del forno. Se non stai usando le griglie di metallo, gira le patate a metà.

5. Sfornate e condite generosamente con sale marino.

6. Condisci con erbe fresche, fiocchi di peperoncino e servi con salsa ketchup, senape o chipotle, a piacere.

14 Zucca Butternut Arrostita

ingredienti

- ❖ 1 zucca butternut, sbucciata, i semi raccolti e tagliati a cubetti

- ❖ Olio extravergine di oliva, per condire

- ❖ Sale marino e pepe nero appena macinato

- ❖ Prezzemolo tritato, facoltativo, per guarnire

PASSI

1. Preriscalda il forno a 400 ° F e fodera una grande teglia con carta da forno.

2. Mettere i cubetti di zucca sulla teglia e condirli con un filo d'olio d'oliva e un pizzico di sale e pepe. Cuocere 30-35 minuti o fino a doratura attorno ai bordi.

15. Peperoni rossi arrostiti

ingredienti

- ❖ peperoni rossi

- ❖ Olio extravergine d'oliva

- ❖ Sale marino

PASSI

1. Cuocere i peperoni su un fornello a gas o sotto una griglia fino a quando la pelle è completamente annerita.

2. Toglieteli dal fuoco, metteteli in una ciotola e copriteli con un canovaccio o una pellicola per 10 minuti.

3. Scopri e usa le mani per sbucciare e rimuovere la pelle flaccida.

4. Tagliare il gambo e rimuovere i semi; utilizzare il peperone intero o affettarlo a listarelle. Condire a piacere con sale marino.

5. Per conservare i peperoni, trasferiscili in un barattolo, coprili con olio d'oliva e conservali in frigorifero per 2-3 settimane.

16.Sottaceti Jalapenos

ingredienti

- ❖ 10 jalapeños, affettati sottilmente
- ❖ 2 spicchi d'aglio interi, pelati
- ❖ 1 tazza di aceto distillato bianco
- ❖ 1 tazza d'acqua
- ❖ ⅓ tazza di zucchero di canna
- ❖ 1 cucchiaio di sale marino

PASSI

1. Dividi i jalapeños in 2 barattoli con coperchio e metti uno spicchio d'aglio in ogni barattolo.

2. In una piccola casseruola a fuoco basso, cuocere a fuoco lento l'aceto, l'acqua, lo zucchero e il sale, mescolando di tanto in tanto, finché lo zucchero non si sarà sciolto, circa 5 minuti. Versare la salamoia sui jalapeños. Lasciate raffreddare a temperatura ambiente, quindi coprite e lasciate raffreddare per almeno 30 minuti. Conservare in frigorifero per un massimo di 2 settimane.

17.Cavolfiore arrosto con scorza di limone

ingredienti

- ❖ 1 cavolfiore medio
- ❖ olio extravergine di oliva, per arrosti
- ❖ sale marino e pepe nero appena macinato, per spolverare
- ❖ Scorza di 1 limone
- ❖ 1/4 tazza di prezzemolo tritato

PASSI

1. Preriscalda il forno a 425 ° F e fodera una grande teglia con carta da forno. Rompi il cavolfiore in piccoli fiori. Condire con olio d'oliva, sale e pepe e distribuire uniformemente sulla teglia. Cuocere per 25-30 minuti o fino a doratura sui bordi.

2. Condite a piacere con più sale e pepe e condite con la scorza di limone e il prezzemolo. Oppure mantienilo semplice e usalo in qualsiasi ricetta che richieda cavolfiore arrosto.

18. Barbabietole arrostite con agrumi

ingredienti

- ❖ 6-8 barbabietole rosse o gialle piccole o medie
- ❖ Olio extravergine di oliva, per condire
- ❖ 1 arancia ombelico grande
- ❖ Aceto di Sherry o aceto balsamico, per condire
- ❖ Succo di ½ limone, oa piacere
- ❖ Manciata di foglie di crescione, o rucola o microgreens
- ❖ Sale marino e pepe nero appena macinato
- ❖ Sale marino in fiocchi, facoltativo
- ❖ altre idee di topping extra (opzionali):
- ❖ Formaggio di capra o feta
- ❖ Noci o pistacchi tritati

PASSI

1. Preriscalda il forno a 400 ° F.

2. Adagiare ogni barbabietola su un foglio di carta stagnola e irrorare abbondantemente con olio d'oliva e pizzichi di sale marino e pepe nero appena macinato. Avvolgere le barbabietole nella carta stagnola e arrostirle su una teglia per 35-60 minuti, o fino a quando saranno morbide e tenere. Il tempo dipenderà dalle dimensioni e dalla freschezza delle barbabietole. Togli le barbabietole dal forno, rimuovi la pellicola e mettile da parte per farle raffreddare. Quando sono fredde al tatto, sbucciare le bucce. Mi piace tenerli sotto l'acqua corrente e far scivolare via le pelli con le mani.

3. Usa un pelapatate per sbucciare lunghe strisce intorno all'arancia, evitando il midollo bianco. La scorza grattugiata funzionerebbe anche qui. Tagliare $\frac{3}{4}$ dell'arancia a spicchi e riservare il restante $\frac{1}{4}$ di spicchio per strizzarlo.

4. Tagliare le barbabietole a spicchi o pezzi da 1 pollice e metterle in una ciotola. Se stai usando barbabietole rosse e gialle, metti ogni colore in ciotole separate in modo che le barbabietole rosse non macchino le barbabietole gialle.

5. Condire con olio d'oliva e aceto di sherry, quindi aggiungere il succo di limone, il succo d'arancia spremuto dallo spicchio rimasto e qualche pizzico di sale e pepe e mescolare. Lascia raffreddare fino al momento di servire.

6. Assaggia prima di servire e condisci con più sale (sale marino in fiocchi, se lo usi) e pepe o più aceto (per più sapore), arancia o succo di limone, a piacere.

7. Servire su un piatto da portata con spicchi d'arancia, crescione e riccioli di agrumi.

19 ceci arrostiti croccanti

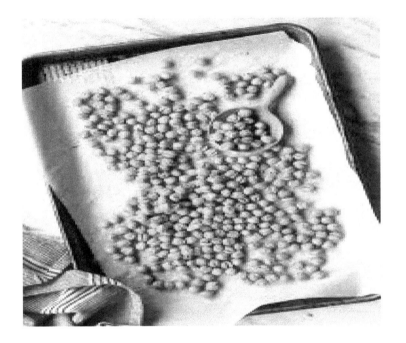

ingredienti

- ❖ 1 1/2 tazza di ceci cotti, scolati e sciacquati
- ❖ Olio extravergine di oliva, per condire
- ❖ Sale marino
- ❖ Paprika, curry in polvere o altre spezie (facoltativo)

PASSI

1. Preriscalda il forno a 425 ° F e fodera una grande teglia con carta da forno.

2. Distribuire i ceci su un canovaccio da cucina e asciugarli tamponandoli. Rimuovere eventuali pelli sciolte.

3. Trasferire i ceci secchi nella teglia e condirli con un filo d'olio d'oliva e una generosa presa di sale.

4. Arrostisci i ceci per 20-30 minuti o finché non diventano dorati e croccanti. I forni possono variare, se i tuoi ceci non sono abbastanza croccanti, continua finché non lo sono!

5. Sfornate e, mentre i ceci sono ancora caldi, conditeli con un pizzico delle vostre spezie preferite, se usate.

6. Conserva i ceci arrostiti in un contenitore non ben coperto a temperatura ambiente. Sono utilizzati al meglio entro due giorni.

20.Farro

ingredienti

Per il Farro:

- ❖ 1 tazza di farro crudo, sciacquato
- ❖ Condimento alle erbe al limone:
- ❖ 1 cucchiaio di olio extravergine d'oliva
- ❖ 1/2 cucchiaio di succo di limone, più a piacere
- ❖ 1/2 cucchiaio di foglie di timo fresco
- ❖ 1 spicchio d'aglio grattugiato
- ❖ $\frac{1}{4}$ di cucchiaino di senape di Digione
- ❖ $\frac{1}{2}$ cucchiaino di sale marino, più a piacere
- ❖ Pepe nero appena macinato
- ❖ $\frac{1}{2}$ tazza di prezzemolo tritato
- ❖ pizzico di peperoncino rosso, facoltativo

PASSI

1. Cuocere il farro: riempire una pentola media per metà d'acqua e portare a ebollizione. Aggiungere il farro, abbassare la fiamma e cuocere a fuoco lento finché il farro non è tenero, gommoso, ma ha ancora

un morso al dente - 15-20 minuti per il farro perlato;
Da 20 a 30 minuti per il farro semiperlato; fino a 40
minuti per il farro intero.

2. Scolare, quindi distribuire su un piatto grande o una
   teglia per raffreddare e asciugare per 20 minuti.
   Ciò gli impedisce di continuare a vapore che lo rende
   pastoso.

3. Prepara il condimento alle erbe al limone: mescola
   l'olio d'oliva, il succo di limone, il timo, l'aglio, la
   senape, il sale e il pepe sul fondo di una grande
   ciotola. Aggiungere il farro e mescolare.
   Incorporare il prezzemolo e i fiocchi di peperoncino,
   se utilizzati. Condire a piacere e servire.

21 Riso al cilantro al lime

ingredienti

- ❖ 1 tazza di riso al gelsomino a grani lunghi, ben sciacquata e scolata

- ❖ 1 ½ tazza di acqua

- ❖ 3 cucchiaini di olio extravergine di oliva, divisi

- ❖ 1 spicchio d'aglio piccolo, tritato finemente

- ❖ 2 scalogni, tritati finemente

- ❖ 1 cucchiaino di scorza di lime

- ❖ ¼ a ½ cucchiaino di sale marino

- ❖ 1 cucchiaio e mezzo di succo di lime

- ❖ ½ tazza di coriandolo tritato finemente

- ❖ un pizzico di peperoncino rosso o ¼ di jalapeño a dadini, facoltativo

PASSI

1. Unisci il riso, l'acqua e 1 cucchiaino di olio d'oliva in una casseruola media. Portare a ebollizione, coprire e ridurre a fuoco lento. Fai bollire per 20 minuti (o controlla il tempo indicato sulla confezione del tuo riso).

2. Scoprire, spennellare con una forchetta, quindi aggiungere l'aglio, lo scalogno e la scorza di lime e mescolare per unire. Lascia raffreddare per 1 minuto, quindi aggiungi i restanti 2 cucchiaini di olio d'oliva, $\frac{1}{4}$ di cucchiaino di sale, succo di lime, coriandolo e peperoncino o jalapeño, se lo usi. Mescolare per amalgamare e condire a piacere.

22 Ricetta del couscous al limone

ingredienti

- ❖ 1 tazza d'acqua
- ❖ 1 tazza di cous cous
- ❖ 1 cucchiaio più 1 cucchiaino di olio extravergine di oliva
- ❖ 3/4 cucchiaino di sale marino, più a piacere
- ❖ 2 spicchi d'aglio, tritati
- ❖ Scorza di 1 limone
- ❖ 1 cucchiaio di succo di limone fresco
- ❖ 1/3 di tazza di prezzemolo tritato
- ❖ 2 cucchiai di pinoli
- ❖ pizzichi di peperoncino rosso, facoltativo

PASSI

1. In una casseruola media, portare l'acqua a ebollizione. Aggiungere il cuscus, 1 cucchiaino di olio d'oliva e 1/2 cucchiaino di sale marino e mescolare. Coprite, togliete dal fuoco e lasciate riposare per 5 minuti.

2. Sbuffa il cuscus con una forchetta, trasferiscilo in una ciotola grande e condiscilo con il restante cucchiaio di olio d'oliva, 1/4 di cucchiaino di sale marino, aglio, scorza di limone, succo di limone, prezzemolo e pinoli.

3. Trasferire il composto su un piatto da portata e guarnire con altri pinoli, prezzemolo e fiocchi di peperoncino, se lo si desidera.

23.Lenticchie

ingredienti

- ❖ Lenticchie Cotte

- ❖ 1 tazza di lenticchie verdi o nere francesi crude

- ❖ pentola d'acqua

- ❖ Condimento alle erbe aromatiche al limone, facoltativo

- ❖ 3 cucchiai di succo di limone

- ❖ 1 cucchiaio di olio extravergine d'oliva

- ❖ 1 cucchiaino di sale marino

- ❖ $\frac{1}{4}$ di cucchiaino di senape di Digione

- ❖ Pepe nero appena macinato

- ❖ 1/2 tazza di prezzemolo tritato

- ❖ pizzichi di peperoncino rosso, facoltativo.

PASSI

1. Cuocere le lenticchie: in una casseruola media, unire le lenticchie e l'acqua e portare a ebollizione. Copri, abbassa il fuoco e lascia sobbollire, mescolando di tanto in tanto, per 17-20 minuti o finché sono teneri

ma non molli. Scolare l'acqua in eccesso, lasciare raffreddare. Utilizzare in qualsiasi ricetta che richiede lenticchie cotte.

2. Prepara il condimento alle erbe aromatiche al limone: trasferisci le lenticchie cotte in una ciotola media. Incorporare il succo di limone, l'olio d'oliva, il sale, la senape e il pepe. Incorporare il prezzemolo e i fiocchi di peperoncino, se utilizzati. Servire come contorno o conservare in frigorifero fino a 5 giorni.

24 Avena durante la notte con marmellata di mirtilli e chia

ingredienti

per la marmellata: (fa circa 2 tazze)

- ❖ 3 tazze di mirtilli

- ❖ 2 cucchiai di sciroppo d'acero

- ❖ 1 cucchiaio di succo di limone fresco

- ❖ ½ cucchiaino di estratto di vaniglia

- ❖ ½ cucchiaino di cannella in polvere

- ❖ 3 cucchiai di semi di chia

- ❖ pizzico di sale marino

- ❖ per l'avena: (quantità per 1 porzione)

- ❖ ½ tazza di avena vecchio stile Quaker®

- ❖ ½ tazza di latte di mandorle alla vaniglia

- ❖ 1 cucchiaio di marmellata di mirtilli chia

- ❖ ½ cucchiaino di scorza di limone

- ❖ ¼ di tazza di mirtilli

PASSI

1. Prepara la marmellata. In una casseruola media a

fuoco medio, fai sobbollire i mirtilli, il succo di limone e la vaniglia per 3-5 minuti, schiacciando delicatamente e mescolando spesso. Aggiungere lo sciroppo d'acero, la cannella e il sale e togliere dal fuoco. Incorporare i semi di chia e trasferire in un barattolo di vetro. Lasciate raffreddare leggermente, poi mettete in frigo a raffreddare per almeno un'ora. Se la marmellata non è abbastanza pronta, aggiungi più semi di chia.

2. Assembla l'avena. Aggiungere l'avena quacchera in un barattolo di vetro, versare il latte e sovrapporre la marmellata di mirtilli, i mirtilli e la scorza di limone.

3. Mettere in frigorifero durante la notte e gustare la mattina.

25. Muesli fatto in casa

ingredienti

- ❖ 2 tazze di fiocchi d'avena interi

- ❖ 1/2 tazza di noci tritate

- ❖ 1/2 tazza di fiocchi di cocco, facoltativo

- ❖ 2 cucchiaini di cannella

- ❖ 1/2 cucchiaino di sale marino

- ❖ 2 cucchiai di olio di cocco sciolto

- ❖ 1/4 tazza di sciroppo d'acero

- ❖ 2 cucchiai di burro di mandorle cremoso

- ❖ 1/3 di tazza di mirtilli rossi secchi, facoltativo

PASSI

1. Preriscalda il forno a 300 ° F e fodera una teglia con carta da forno.

2. In una ciotola media, unire l'avena, le noci, i fiocchi di cocco, se usati, la cannella e il sale. Condire con l'olio di cocco e lo sciroppo d'acero e aggiungere il burro di mandorle. Mescolare fino a quando

combinato. Versare il muesli sulla teglia e premere il composto in un ovale spesso 1 pollice. Questo incoraggerà l'aggregazione.

3. Cuocere per 15 minuti, ruotare la padella a metà e utilizzare una forchetta per rompere delicatamente il muesli solo un po '. Cuocere per altri 15 minuti o fino a doratura. Cospargere con mirtilli rossi secchi, se lo si desidera. Lasciate raffreddare per 15 minuti prima di servire.

26.Apple Cannella Crunch Overnight Oats

ingredienti

- ❖ $\frac{1}{2}$ tazza di avena vecchio stile quacchera

- ❖ $\frac{1}{2}$ tazza di latte di mandorle

- ❖ $\frac{1}{2}$ tazza di mela a dadini

- ❖ una piccola spremuta di limone (per mantenere fresche le mele durante la notte)

- ❖ $\frac{1}{8}$ cucchiaino di cannella

- ❖ 1 cucchiaio di muesli (ne ho fatto uno simile a questa ricetta)

- ❖ 1 cucchiaino di miele (sciroppo d'acero se vegano)

PASSI

1. Unisci l'avena e il latte di mandorle in un barattolo. Condite la mela con un po 'di succo di limone e aggiungetela al barattolo con una spolverata di cannella. Rilassati durante la notte.

2. Al mattino, guarnire con muesli e un filo di miele o sciroppo d'acero.

27 Best Breakfast Burrito

ingredienti

- ❖ 1 libbra di patate gialle rotonde piccole, tagliate a pezzi da $\frac{1}{2}$ pollice

- ❖ Olio extravergine di oliva, per condire

- ❖ $\frac{1}{2}$ cucchiaino di paprika affumicata

- ❖ Pizzichi di fiocchi di peperone rosso

- ❖ 1 peperone rosso

- ❖ 9 uova grandi

- ❖ 3 tortillas da 12 pollici

- ❖ 1 tazza di spinaci freschi

- ❖ $\frac{1}{2}$ tazza di cavolo rosso sminuzzato, opzionale, per colorare e croccare

- ❖ $\frac{3}{4}$ tazza di fagioli neri cotti, scolati e sciacquati

- ❖ $\frac{1}{2}$ tazza di pico de gallo

- ❖ 1 avocado maturo

- ❖ $\frac{1}{2}$ tazza di foglie di coriandolo

- ❖ Sale marino e pepe nero appena macinato

- ❖ 1 lime, per spremere

❖ Condimento al lime e coriandolo, per immersione

PASSI

1. Preriscalda il forno a 425 ° F e fodera una grande teglia con carta da forno. Mettere le patate sulla sfoglia, irrorare con olio d'oliva e cospargere generosamente di sale e pepe, la paprika affumicata e un pizzico di peperoncino a scaglie. Mescolare per rivestire, distribuire uniformemente sulla padella e cuocere per 30 minuti o fino a quando non diventa dorato e croccante sui bordi.

2. Riscalda una padella per grigliare sul fornello a fuoco medio. Metti il peperone rosso sulla padella e lascialo carbonizzare per 4-5 minuti per lato, o fino a quando il peperone è morbido e ogni lato ha segni di griglia nera. In alternativa, puoi arrostirlo in forno fino a renderlo morbido. Togliere dalla griglia, togliere il picciolo e le costolette e affettare il peperone a listarelle.

3. Sbattere le uova: spennellare leggermente una padella antiaderente media con olio d'oliva e portare a fuoco medio. Aggiungere le uova, lasciarle cuocere per qualche secondo, quindi mescolare e mescolare fino a quando le uova non si saranno solidificate.

4. Assemblare i burritos: Dividere le foglie di spinaci e il cavolo rosso, se si utilizza, tra le tortillas. Completare con le uova, le strisce di peperone rosso,

i fagioli neri, il pico de gallo, le patate, l'avocado e il coriandolo. Cospargere di sale e pepe e una spruzzata di lime. Piega i lati sinistro e destro della tortilla sul ripieno. Piega il lembo inferiore del burrito verso l'alto e sopra il ripieno, rimboccando i lati e il ripieno mentre arrotoli il burrito. Avvolgere in un foglio, affettare e servire con il condimento al lime e coriandolo per immergerlo.

28.Una sana colazione in casseruola

ingredienti

- ❖ 2 patate dolci tagliate a cubetti

- ❖ 10-12 once di funghi misti, (funghi cremini, tagliati in quarti)

- ❖ 1 mazzetto di asparagi, parti tenere, tritate

- ❖ Olio extravergine di oliva, per condire

- ❖ 12 uova grandi

- ❖ ½ tazza di latte di mandorle

- ❖ 1 spicchio d'aglio, tritato

- ❖ ½ a 1 cucchiaino di sale marino *

- ❖ ½ cucchiaino di pepe nero

- ❖ 4 once di formaggio feta sbriciolato

- ❖ 1 mazzetto di scalogno, tritato

- ❖ 1 tazza di piselli surgelati, scongelati

- ❖ Microgreens, facoltativo, per guarnire

PASSI

1. Preriscalda il forno a 400 ° F e fodera 2 teglie con carta da forno. Su una teglia spalmate le patate dolci, sull'altra teglia i funghi e gli asparagi. Condire con olio d'oliva e cospargere con pizzichi di sale e pepe e mescolare per ricoprire. Arrostisci le patate dolci per 30 minuti. Mettere la teglia con i funghi e gli asparagi nel forno a cuocere negli ultimi 10 minuti.

2. In una ciotola media, sbatti insieme le uova, il latte, l'aglio, il sale e il pepe nero.

3. Riduci la temperatura del forno a 350 ° F. Spruzza leggermente una pirofila da 9 x 13 pollici ** con uno spray antiaderente. Mettere tutte le patate dolci in modo uniforme sul fondo della teglia. Aggiungere metà delle verdure dalla seconda teglia e distribuire uniformemente. Cospargere con il formaggio feta, lo scalogno e i piselli.

4. Versare il composto di uova in modo uniforme sulle verdure. Aggiungere i restanti funghi e gli asparagi.

5. Cuocere per 40-45 minuti o fino a quando le uova si saranno solidificate e i bordi saranno leggermente dorati. Lascia riposare la casseruola per 10 minuti prima di affettare.

6. Guarnire le fette con microgreens e condire con ulteriore sale e pepe, se lo si desidera.

29. Muffin alla frittata vegetariana

ingredienti

- ❖ 8 uova grandi

- ❖ ⅓ tazza di latte di mandorle non zuccherato

- ❖ 1 spicchio d'aglio, tritato

- ❖ ¼ di cucchiaino di senape di Digione (mi piace Sir Kensington's)

- ❖ ½ cucchiaino di sale marino

- ❖ Pepe nero appena macinato

- ❖ 2-4 cucchiai di aneto fresco tritato

- ❖ 2 piccole foglie di cavolo nero, finemente tritate

- ❖ 1 tazza di pomodorini tagliati a metà

- ❖ ¼ di tazza di scalogno

- ❖ ⅓ tazza di feta sbriciolata

PASSI

1. Preriscalda il forno a 350 ° F e spennella una teglia per muffin antiaderente con olio d'oliva o spray da cucina antiaderente.

2. In una grande ciotola, sbatti insieme le uova, il latte,

l'aglio, la senape di Digione, la maggior parte dell'aneto (riservane un po 'per guarnire), sale e pepe. Versare solo un po 'del composto di uova sul fondo di ogni tazza per muffin. Dividere il cavolo, i pomodori, lo scalogno e la feta in ogni tazza, quindi versarvi sopra il composto di uova rimanenti.

3. Cuocere per 20-22 minuti o fino a quando le uova non si saranno solidificate. Condite con sale e pepe a piacere e guarnite con l'aneto rimasto. Conserva le frittate rimanenti in frigorifero per un massimo di 2 giorni.

30.Colazione Panzanella

ingredienti

- ❖ Avanzi di Panzanella, circa 1 tazza a persona

- ❖ 1-2 uova fritte a persona

- ❖ basilico fresco affettato

PASSI

1. Per prima cosa, togli dal frigorifero la panzanella avanzata. Trasferisci circa 1 tazza in ogni piatto e lascia che arrivi a temperatura ambiente mentre prepari le uova e versi il caffè.

2. Friggere le uova e coprirle nei piatti con la Panzanella. Aggiungere il basilico appena affettato e un pizzico di sale e pepe. Godere!

31 Best Shakshuka

ingredienti

- ❖ 2 cucchiai di olio extravergine d'oliva
- ❖ 1 tazza di cipolla gialla tritata
- ❖ 1 peperone rosso, privato dei semi e tagliato a dadini
- ❖ ¼ di cucchiaino di sale marino, più a piacere
- ❖ Pepe nero appena macinato
- ❖ 3 spicchi d'aglio medi, tritati
- ❖ ½ cucchiaino di paprika affumicata
- ❖ ½ cucchiaino di cumino macinato
- ❖ Un pizzico di pepe di Caienna, facoltativo
- ❖ 1 28 once può pomodori schiacciati
- ❖ 2 cucchiai di pasta di harissa *, vedere la nota
- ❖ 1 tazza di spinaci freschi, tritati
- ❖ Da 3 a 5 uova
- ❖ ⅓ tazza di formaggio feta sbriciolato
- ❖ ¼ di tazza di foglie di prezzemolo fresco
- ❖ 1 avocado, a dadini
- ❖ Microgreens per guarnire, facoltativo

❖ Pane tostato, per servire

PASSI

1. Riscaldare l'olio a fuoco medio in una padella in acciaio inossidabile con coperchio da 12 pollici o in ghisa rivestita di smalto. Aggiungere la cipolla, il peperoncino, il sale e diverse macinate di pepe fresco e cuocere fino a quando la cipolla è morbida e traslucida, da 6 a 8 minuti.

2. Riduci la fiamma a un livello medio-basso e aggiungi l'aglio, la paprika, il cumino e il pepe di Caienna, se lo usi. Mescolate e lasciate cuocere per circa 30 secondi, poi aggiungete i pomodori e la pasta di harissa. Cuocere a fuoco lento per 15 minuti finché la salsa non si sarà addensata.

3. Aggiungere gli spinaci e mescolare finché sono appassiti. Fare 3-5 pozzetti nella salsa e rompere le uova. Coprite e cuocete fino a quando le uova sono ben impostate, da 5 a 8 minuti. La tempistica dipenderà da quanto ti piacciono i tuorli d'uovo.

4. Condire con sale e pepe a piacere e cospargere con feta, prezzemolo, avocado e microgreens, se utilizzati. Servire con crostini di pane per scolare.

32.Butternut Squash Breakfast Hash

ingredienti

- ❖ 2 tazze di zucca butternut a cubetti

- ❖ 1 cucchiaio di olio extravergine di oliva, più una quantità per condire

- ❖ ⅓ scalogno tritato tazza

- ❖ 1 zucchina piccola, tagliata a pezzi da 1 pollice (1 tazza e mezza)

- ❖ 1½ tazza di broccolini o cimette di broccoli tritati

- ❖ 2 cucchiai di rosmarino fresco tritato o salvia

- ❖ 1 cucchiaino di aceto balsamico o di sherry o succo di limone fresco

- ❖ 1 spicchio d'aglio, tritato finemente

- ❖ 3 foglie di cavolo nero, private del gambo e tritate

- ❖ 3-4 uova fritte

- ❖ Sale marino e pepe nero appena macinato

- ❖ Qualche pizzico di paprika affumicata (facoltativo)

- ❖ Ravanelli tagliati a fettine sottili, per guarnire (facoltativo)

PASSI

1. Preriscalda il forno a 400 ° F e fodera una grande teglia con carta da forno. Condisci la zucca con un filo di olio d'oliva e qualche pizzico di sale e pepe. Arrosto fino a doratura, da 25 a 30 minuti.

2. Riscaldare l'olio d'oliva in una padella capiente a fuoco medio. Aggiungere lo scalogno, le zucchine, i broccolini, il rosmarino e qualche pizzico di sale e pepe. Cuocere per 5-8 minuti o fino a quando non saranno leggermente dorati. Aggiungi l'aceto o il succo di limone, l'aglio, la zucca tostata, il cavolo nero, un altro pizzico di sale e pepe e un pizzico di paprika affumicata, se lo usi. Far rosolare fino a quando tutto sarà dorato, per altri 5 minuti circa, mescolando di tanto in tanto. Condire a piacere. Guarnire con i ravanelli affettati, se utilizzati, e guarnire con le uova fritte.

33. Smoothie al caffè alla cannella

ingredienti

- ❖ 1 banana congelata

- ❖ 1 cucchiaio di burro di mandorle

- ❖ 2-4 cucchiai di caffè freddo o espresso concentrato

- ❖ 4 cubetti di ghiaccio

- ❖ $\frac{3}{4}$ tazza di latte di mandorle, più se necessario per frullare

- ❖ 1 cucchiaino di cannella

- ❖ 1 cucchiaio colmo di maca in polvere, facoltativo *

- ❖ 1 cucchiaio colmo di proteine in polvere di vaniglia, facoltativo *

- ❖ 1 dattero medjool o dolcificante a scelta, facoltativo

PASSI

1. Aggiungere tutti gli ingredienti a un frullatore e frullare fino a ottenere un composto omogeneo. Aggiungere altro latte di mandorle, se necessario.

34. Frullato di mango verde

ingredienti

- ❖ 2 cucchiaini di matcha

- ❖ 1 tazza di latte di mandorle

- ❖ 1 mango, a fette

- ❖ qualche manciata di ghiaccio

- ❖ opzionale - 1 banana congelata

PASSI

1. Frulla tutti gli ingredienti fino a ottenere un composto omogeneo. Per un frullato più cremoso, aggiungi la banana congelata.

35. Smoothie ai mirtilli

ingredienti

- ❖ 1 tazza di mirtilli congelati

- ❖ ½ tazza di lamponi congelati

- ❖ ¼ di tazza di mandorle sbollentate e sbucciate, anacardi crudi o ½ banana congelata

- ❖ 1 tazza e mezzo di latte di mandorle

- ❖ spremuta di limone

- ❖ 1 cucchiaio di miscela AIYA Rooibos Zen Cafe, opzionale

- ❖ ½ cucchiaio di miele o sciroppo d'acero, facoltativo

PASSI

1. Mescola tutti gli ingredienti insieme. Aggiungere altro latte di mandorle per diluire la consistenza, se necessario.

36.Superfood Sunshine Orange Smoothie

ingredienti

- ❖ 2 banane (congelate, idealmente)

- ❖ $\frac{1}{2}$ - $\frac{3}{4}$ tazza di latte di mandorle originale Almond Breeze

- ❖ succo di 1 arancia media, più un po 'di scorza

- ❖ 2 cucchiai di bacche di goji

- ❖ $\frac{1}{2}$ cucchiaino di zenzero grattugiato o una spruzzata di succo di zenzero

- ❖ $\frac{1}{4}$ di tazza di semi di canapa (opzionale)

- ❖ Manciata di ghiaccio

PASSI

1. Frulla tutti gli ingredienti e regola a tuo piacimento.

37.Vaniglia Matcha Smoothie

ingredienti

- ❖ 2 banane, congelate

- ❖ 1 tazza di latte di mandorle originale Almond Breeze

- ❖ Matcha in polvere: da pochi cucchiaini a pochi cucchiai a seconda del tuo matcha e dei tuoi gusti. Ho usato alcuni cucchiai di questo tipo.

- ❖ Baccello di vaniglia: un piccolo graffio da circa 1 pollice del baccello

- ❖ Qualche manciata di ghiaccio

- ❖ Miele, agave o dolcificante a scelta (facoltativo)

PASSI

1. Mescola tutto insieme. Assaggia e regola a tuo piacimento. Aggiungi un po 'di dolcificante se lo desideri.

38.Pudding di Chia più semplice

ingredienti

- ❖ ¼ di tazza di semi di chia

- ❖ 1 tazza e mezzo di latte di anacardi, latte di mandorle o latte di cocco

- ❖ 1 cucchiaio di sciroppo d'acero, altro per servire

- ❖ ¼ di cucchiaino di cannella

- ❖ pizzico di sale marino

- ❖ ½ cucchiaio di succo di limone Meyer o succo d'arancia, facoltativo

- ❖ scorza di limone o qualche goccia di olio di limone, facoltativo

- ❖ k2 frutta di stagione e / o noci tritate, per guarnire

PASSI

1. In un barattolo o una ciotola grande, mescola i semi di chia, il latte, lo sciroppo d'acero, la cannella, il sale, il succo di limone e la scorza di limone, se li usi.

2. Lasciar raffreddare coperto per 30 minuti, quindi mescolare di nuovo, incorporando i semi di chia che sono affondati sul fondo. Lascia raffreddare per

circa 6 ore, o durante la notte, finché il budino di chia non è denso. Se diventa troppo denso, aggiungi ancora un po 'di latte per ottenere la consistenza desiderata.

3. Per servire, versa il budino di chia nelle ciotole e aggiungi frutta, noci e sciroppo d'acero, se lo desideri.

39.Sano pane alla banana

ingredienti

- ❖ 2 banane molto mature, schiacciate (1 tazza)

- ❖ ½ tazza di zucchero di cocco o zucchero normale

- ❖ ¾ tazza di latte di mandorle o qualsiasi altro latte

- ❖ ⅓ tazza di olio extravergine di oliva, più per spennellare

- ❖ 1 cucchiaino di estratto di vaniglia

- ❖ 1 cucchiaino di aceto di mele

- ❖ 1½ tazza di farina integrale *, vedere la nota

- ❖ ½ tazza di farina di mandorle

- ❖ 2 cucchiaini di lievito in polvere

- ❖ ¼ di cucchiaino di bicarbonato di sodio

- ❖ ½ cucchiaino di sale marino

- ❖ ½ cucchiaino di cannella

- ❖ ¼ di cucchiaino di noce moscata

- ❖ ½ tazza di noci tritate

- ❖ guarnizione

- ❖ 2 cucchiai di noci tritate

- ❖ 1 cucchiaio e mezzo di fiocchi d'avena

PASSI

1. Preriscalda il forno a 350 ° F e spennella una teglia da 9x5 pollici con un po 'di olio d'oliva.

2. In una grande ciotola, unire le banane schiacciate con lo zucchero, il latte di mandorle, l'olio d'oliva, la vaniglia e l'aceto di sidro di mele e frullare fino a quando non sono ben amalgamati.

3. In una ciotola media unire le farine, il lievito, il bicarbonato di sodio, il sale, la cannella e la noce moscata.

4. Aggiungere gli ingredienti secchi nella ciotola con gli ingredienti bagnati e mescolare fino a quando non sono ben amalgamati, quindi incorporare le noci. Versare nella padella preparata e cospargere con le noci e l'avena tritati.

5. Cuocere per 42-50 minuti o finché uno stuzzicadenti inserito al centro non risulta pulito.

40.Alanna's Pumpkin Cranberry Nut & Seed Loaf

ingredienti

- ❖ 1½ tazza (175 g) di noci crude a metà

- ❖ 1 tazza (140 g) di semi di zucca crudi (pepitas)

- ❖ 2 tazze (250 g) di fiocchi d'avena vecchio stile GF

- ❖ 1 tazza (145 g) di mirtilli rossi secchi

- ❖ ½ tazza (90 g) di semi di lino

- ❖ ⅓ tazza (30 g) bucce di psillio

- ❖ ¼ di tazza (40 g) di semi di chia

- ❖ 2 cucchiaini (9 g) di sale marino fino

- ❖ ¾ cucchiaino di cannella in polvere

- ❖ ½ cucchiaino di noce moscata grattugiata fresca

- ❖ 1 (15-oz) può purea di zucca non zuccherata

- ❖ 1 tazza di acqua (235 ml) di acqua

- ❖ ¼ di tazza (60 ml) di sciroppo d'acero

- ❖ ¼ di tazza (60 ml) di olio di semi di girasole (o olio d'oliva leggero)

PASSI

1. Posiziona una griglia al centro del forno e preriscalda a 165 ° C. Distribuire le noci ei semi di zucca su una piccola teglia da forno bordata e tostare fino a doratura e fragrante, mescolando la padella di tanto in tanto, 10-15 minuti. Sfornate.

2. Nel frattempo, in una grande ciotola, mescola l'avena, i mirtilli rossi, i semi di lino, le bucce di psillio, i semi di chia, il sale, la cannella e la noce moscata per unire. Incorporare le noci calde ei semi di zucca. Aggiungere la purea di zucca, l'acqua, lo sciroppo d'acero e l'olio di semi di girasole e mescolare bene con un robusto cucchiaio di legno o con le mani per assicurarsi che la "pasta" sia bagnata e distribuita uniformemente.

3. Foderare una teglia da 9 x 5 pollici su tutti i lati con carta da forno e raschiare l'impasto nella teglia preparata, impacchettandola e arrotondandola leggermente sopra; non lieviterà in forno. Coprite bene con un pezzo di pellicola trasparente e lasciate riposare a temperatura ambiente per 2-8 ore.

4. Quando sei pronto per cuocere, preriscalda il forno a 400 ° F. Cuocere la pagnotta per 1 ora e 15 minuti; sarà abbronzato in profondità e al tatto risulterà compatto. (Nota: la prima volta che l'ho fatto l'ho

tirato fuori un po 'prima - non farlo - lascialo cuocere per tutto il tempo anche se l'esterno sarà molto scuro). Lasciate raffreddare completamente, almeno 2 ore. Il pane è meglio affettato abbastanza sottilmente e ben tostato. Si manterrà ermetico in frigorifero per un massimo di 2 settimane.

41. torta di libbra di yogurt al limone

ingredienti

- ❖ 1 tazza di farina per tutti gli usi

- ❖ ½ tazza di farina di mandorle

- ❖ 2 cucchiaini di lievito in polvere

- ❖ 2 cucchiaini di cannella

- ❖ ½ cucchiaino di cardamomo

- ❖ ½ cucchiaino di noce moscata

- ❖ ¾ cucchiaino di sale marino

- ❖ ½ tazza di zucchero di canna

- ❖ 1 cucchiaio di scorza di limone

- ❖ ¾ tazza di yogurt al latte intero naturale Stonyfield, più per servire

- ❖ ½ tazza di olio extravergine d'oliva

- ❖ 2 uova

- ❖ 1 cucchiaino di estratto di vaniglia

- ❖ frutta fresca, per servire

PASSI

1. Preriscalda il forno a 350 ° F e spruzza una teglia da forno da 8x4 pollici con uno spray da cucina.

2. In una ciotola capiente, unire la farina, la farina di mandorle, il lievito, la cannella, il cardamomo, la noce moscata e il sale.

3. In un'altra grande ciotola, sbatti insieme lo zucchero di canna e la scorza di limone. Quindi aggiungere lo yogurt, l'olio d'oliva, le uova e la vaniglia e mescolare per unire.

4. Versare gli ingredienti secchi nella ciotola con gli ingredienti bagnati e mescolare fino a quando non sono ben amalgamati. Non mescolare troppo.

5. Versare la pastella nella teglia e infornare per 40-50 minuti o finché uno stuzzicadenti non esce pulito.

6. Servire con ciuffi di yogurt e frutta fresca.

42.Pane Di Zucchine Al Cioccolato

ingredienti

- ❖ 1¼ tazza di farina integrale *
- ❖ 1¼ farina per tutti gli usi
- ❖ ⅓ tazza di cacao in polvere
- ❖ 1 cucchiaio di lievito in polvere
- ❖ 1 cucchiaino di bicarbonato di sodio
- ❖ 1 cucchiaino di sale marino
- ❖ 1 cucchiaino di cannella
- ❖ ½ cucchiaino di noce moscata
- ❖ 3 uova
- ❖ 1 tazza e mezzo di latte di mandorle, temperatura ambiente
- ❖ ¼ di tazza di olio di cocco, sciolto
- ❖ ⅔ tazza di sciroppo d'acero
- ❖ 2 cucchiaini di estratto di vaniglia
- ❖ 2 tazze di zucchine non sbucciate sminuzzate
- ❖ 1 tazza di gocce di cioccolato semidolce, altre da spolverare

PASSI

1. Preriscalda il forno a 350 ° F e spruzza leggermente due padelle da 8x4 pollici con uno spray antiaderente.

2. In una ciotola media, unire la farina, il cacao in polvere, il lievito, il bicarbonato di sodio, il sale, la cannella e la noce moscata.

3. In una grande ciotola, sbatti insieme le uova, il latte di mandorle, l'olio di cocco, lo sciroppo d'acero e la vaniglia. Incorporare le zucchine. Aggiungi gli ingredienti secchi nella ciotola e mescola fino a quando non sono ben combinati. Non mescolare troppo. Nascoste nei biscotti al cioccolato.

4. Versare la pastella nelle teglie. Cospargere con altre gocce di cioccolato e infornare per 45-50 minuti, o fino a quando uno stuzzicadenti inserito non esce pulito e le parti superiori tornano al tatto. Sfornare e raffreddare completamente.

43 Toast francese classico

ingredienti

- ❖ Bacche Macerate

- ❖ 2 tazze di fragole a cubetti

- ❖ ½ tazza di lamponi congelati, scongelati, con il loro succo

- ❖ Pizzichi di zucchero di canna

- ❖ Toast francese

- ❖ 4 uova

- ❖ 1 tazza di latte di mandorle o qualsiasi altro latte

- ❖ 1 cucchiaino di cannella

- ❖ ¼ di cucchiaino di cardamomo

- ❖ Un pizzico di sale marino

- ❖ 8 fette di pane challah da 1 pollice * (vedi nota)

- ❖ Olio di cocco, per spazzolare

- ❖ Sciroppo d'acero, per servire

PASSI

1. Prepara le bacche macerate: in una ciotola media,

unisci le fragole, i lamponi e qualche pizzico di zucchero. Mettere da parte per 10 minuti affinché le bacche si ammorbidiscano. Mescola prima di servire.

2. Prepara il toast francese: in una grande ciotola, sbatti insieme le uova, il latte, la cannella, il cardamomo e il sale. Immergi ogni fetta di pane nella miscela e metti da parte il pane inzuppato su un grande vassoio o piatto.

3. Riscalda una padella antiaderente a fuoco medio e spennella con olio di cocco. Aggiungere le fette di pane e cuocere fino a doratura, circa 2 minuti per lato. Abbassa la fiamma al minimo per cuocere bene senza bruciare. Servire con sciroppo d'acero e le bacche macerate.

44 Waffle alle carote vegane

ingredienti

- ❖ 500 ml di farina di farro integrale o miscela di grano / bianco

- ❖ 2 cucchiaini (10 ml) di lievito per dolci

- ❖ 2 cucchiai (30 ml) di semi di lino macinati

- ❖ ½ cucchiaino (2 ml) di cannella

- ❖ 1 tazza (250 ml) di carote grattugiate

- ❖ 500 ml di latte di mandorle a temperatura ambiente

- ❖ ¼ di tazza (60 ml) di olio di cocco sciolto

- ❖ 1 cucchiaino (5 ml) di estratto di vaniglia

- ❖ 2 cucchiai (30 ml) di sciroppo d'acero, più un extra per servire

- ❖ Sale marino

- ❖ Sciroppo d'acero e / o crema di cocco, per servire

PASSI

1. Preriscalda una piastra per cialde.

2. In una grande ciotola, mescola la farina, il lievito, i semi di lino, la cannella e un pizzico di sale.

3. In una ciotola media, mescola le carote grattugiate, il latte di mandorle, l'olio di cocco, la vaniglia e lo sciroppo d'acero. Incorporare la miscela di carote agli ingredienti secchi e mescolare fino a quando non sarà ben amalgamata.

4. Versare una quantità adeguata di pastella sulla piastra per cialde e cuocere fino a quando i bordi non saranno leggermente croccanti. Servire con sciroppo d'acero e crema di cocco, se utilizzata.

45.Heirloom Tomato Sandwich

ingredienti

- ❖ Purea di fagioli bianchi:

- ❖ 1 ½ tazza di fagioli cannellini cotti, scolati e sciacquati

- ❖ 2 cucchiai di olio extravergine d'oliva

- ❖ 2 spicchi d'aglio

- ❖ 3 cucchiai di succo di limone

- ❖ 1 cucchiaino di capperi

- ❖ sale marino e pepe nero appena macinato

- ❖ per i panini:

- ❖ 8 fette di pane tostato

- ❖ 4 foglie di lattuga al burro

- ❖ 3 pomodori cimelio, affettati

- ❖ 2 avocado, affettati

- ❖ Sale marino e pepe nero appena macinato

- ❖ 8 foglie di basilico fresco

- ❖ pizzico di paprika affumicata, facoltativo

- ❖ spolverare di semi di canapa, facoltativo

PASSI

1. In un frullatore, frullare i fagioli cannellini, l'olio d'oliva, l'aglio, il succo di limone e i capperi. Condite con sale e pepe a piacere. Lascia raffreddare fino al momento dell'uso.

2. Montare i panini con il pane tostato, la purea di fagioli bianchi, la lattuga, i pomodori, l'avocado, il basilico fresco, il sale marino, il pepe, un pizzico di paprika affumicata e una spolverata di semi di canapa se lo si desidera.

46 Biscotti al pistacchio e mirtilli rossi

ingredienti

- ❖ 2 tazze di fiocchi d'avena regolari
- ❖ 1 tazza di farina di farro integrale
- ❖ 1 tazza di farina di mandorle
- ❖ $\frac{1}{2}$ cucchiaino di lievito in polvere senza alluminio
- ❖ $\frac{1}{2}$ cucchiaino di cardamomo macinato
- ❖ $\frac{1}{2}$ cucchiaino di cannella in polvere
- ❖ K2$\frac{3}{4}$ tazza di olio di cocco sciolto
- ❖ $\frac{3}{4}$ tazza di sciroppo d'acero

- ❖ 1 cucchiaio di estratto di vaniglia

- ❖ $\frac{1}{2}$ cucchiaino di sale marino

- ❖ $\frac{1}{4}$ di tazza di mirtilli rossi secchi

- ❖ $\frac{1}{4}$ di tazza di mini gocce di cioccolato vegane

- ❖ $\frac{3}{4}$ tazze di pistacchi, tritati grossolanamente

PASSI

1. Unisci l'avena, la farina di farro, la farina di mandorle, il lievito, il cardamomo e la cannella in una ciotola media. In un'altra ciotola, unisci l'olio di cocco, lo sciroppo d'acero, la vaniglia e il sale. Sbatti fino a quando non sarà emulsionato. Versare negli ingredienti secchi e mescolare bene; la miscela risulterà molto bagnata. Lasciare da parte per 10-15 minuti per consentire all'impasto di addensarsi.

2. Preriscaldare il forno a 350 gradi F. Foderare una teglia con carta da forno e mettere da parte. Aggiungere i mirtilli, i pistacchi e le gocce di cioccolato all'impasto dei biscotti e mescolare fino a quando non sono ben amalgamati.

3. Usando un misurino umido da $\frac{1}{4}$ di tazza, versare l'impasto per biscotti su una teglia, appiattire leggermente e cuocere per 15 minuti o fino a quando diventa dorato attorno ai bordi. Utilizzando una

spatola, trasferire con cura i biscotti su una gratella. Si rassoderanno quando saranno completamente freddi. Conserva i biscotti avanzati in un contenitore ermetico quando fa caldo, conservali in frigorifero.

47 Palline di torta di carote quasi crude

ingredienti

- ❖ 1 tazza di semi di girasole mondati crudi

- ❖ 1 tazza di cocco grattugiato non zuccherato + ⅓ tazza per rotolare

- ❖ ½ cucchiaino di cannella

- ❖ ½ cucchiaino di sale marino

- ❖ 12 datteri morbidi Medjool, snocciolati e ammollati se sono ben asciutti

- ❖ ⅔ tazza di carote tritate

- ❖ 2 cucchiaini di sciroppo d'acero, più a piacere

PASSI

1. In un robot da cucina, unire i semi di girasole, 1 tazza di cocco grattugiato, la cannella e il sale e frullare fino a ottenere un buon pasto.

2. Aggiungere i datteri e le carote e frullare fino a quando il composto non si unisce e si attacca. Assaggia e aggiungi altro sciroppo d'acero se desideri che i tuoi morsi siano più dolci. Se il composto è troppo secco, aggiungere altro sciroppo d'acero; se è troppo umido, aggiungi altro cocco e /

o lascia raffreddare il composto in frigorifero per 20 minuti per rassodare.

3. Usa un cucchiaio per raccogliere la miscela, quindi usa le mani per arrotolarla in palline di circa 1 pollice.

4. Arrotolare il cocco rimanente per rivestire l'esterno, se lo si desidera. Conservare in frigorifero in un contenitore ermetico per un massimo di 5 giorni.

48.Jessica's Pistachio Oat Squares

*

ingredienti

- ❖ 1 tazza di pistacchi sgusciati crudi

- ❖ 1 tazza di fiocchi d'avena *

- ❖ $\frac{1}{2}$ cucchiaino di sale marino

- ❖ $\frac{1}{4}$ di tazza di sciroppo d'acero, più per spruzzare sopra

- ❖ 2 cucchiai di olio d'oliva

- ❖ ⅓ tazza di fiocchi di cocco non zuccherati

- ❖ altra manciata di pistacchi tritati per la guarnizione

PASSI

1. Preriscaldare il forno a 350 gradi e rivestire una teglia quadrata da 8 pollici con carta da forno. In un robot da cucina con la lama S attaccata, lavorare i pistacchi, l'avena e il sale per circa 30 secondi, fino a quando non inizia a formarsi un pasto. Versare lo sciroppo d'acero e l'olio d'oliva mentre il motore è ancora in funzione e il pasto inizia a riunirsi in un impasto friabile, quasi umido.

2. Premere uniformemente l'impasto nella padella e coprirlo con scaglie di cocco e pistacchi rimanenti.

Cuocere per 10-12 minuti fino a quando il cocco è bello e dorato e l'impasto è cotto. Vuoi che i quadrati siano ancora un po 'morbidi - non esagerare con questi.

3. Sollevare con cautela l'impasto raffreddato dalla teglia tenendo due lati della carta forno. Taglialo a quadrati. Se vuoi, aggiungi un po 'di sciroppo d'acero per una dolcezza extra. Conserva i quadrati in un contenitore sigillato per un massimo di una settimana.

49. No Bake Energy Balls

ingredienti

- ❖ 1 tazza di fiocchi d'avena interi (non istantanei)

- ❖ 1 cucchiaio di semi di lino macinati + 3 cucchiai di acqua tiepida

- ❖ $\frac{1}{4}$ di tazza di burro di mandorle tostate

- ❖ 2 cucchiai di sciroppo d'acero

- ❖ 3 datteri Medjool morbidi, snocciolati (o 2 cucchiai aggiuntivi di sciroppo d'acero)

- ❖ 2 cucchiai di olio di cocco

- ❖ $\frac{1}{2}$ cucchiaino di estratto di vaniglia

- ❖ $\frac{1}{4}$ di cucchiaino di cannella

- ❖ $\frac{1}{4}$ di cucchiaino di sale marino

- ❖ $\frac{1}{4}$ di tazza di noci tritate

- ❖ $\frac{1}{2}$ tazza di cocco grattugiato

- ❖ ⅓ tazza di gocce di cioccolato

PASSI

1. In una padella media, tosta l'avena a fuoco basso fino a quando non diventa dorata sui bordi, circa 1 o

2 minuti. Togliere dal fuoco e mettere da parte.

2. In una piccola ciotola, unire i semi di lino e l'acqua tiepida e mettere da parte per addensare per circa 5 minuti. In un robot da cucina, unire il burro di mandorle, lo sciroppo d'acero, i datteri, l'olio di cocco, la vaniglia, la cannella e il sale. Aggiungere la miscela di semi di lino e frullare fino a che liscio.

3. Aggiungere le noci e frullare fino a ottenere un composto omogeneo. Aggiungere l'avena e il cocco e frullare fino a ottenere un composto omogeneo. Aggiungere le gocce di cioccolato e frullare fino a incorporarle uniformemente.

4. Arrotolare il composto in 12 palline e lasciare raffreddare fino a quando non si rassoda, almeno 30 minuti. Se l'impasto è troppo appiccicoso per lavorarlo, lasciarlo raffreddare per diversi minuti prima di arrotolarlo.

5. Conservare in frigorifero in un contenitore ermetico.

50 Palline di torta di carote quasi crude

ingredienti

- ❖ 1 tazza di semi di girasole mondati crudi

- ❖ 1 tazza di cocco grattugiato non zuccherato + ⅓ tazza per rotolare

- ❖ $\frac{1}{2}$ cucchiaino di cannella

- ❖ $\frac{1}{2}$ cucchiaino di sale marino

- ❖ 12 datteri morbidi Medjool, snocciolati e ammollati se sono ben asciutti

- ❖ ⅔ tazza di carote tritate

- ❖ 2 cucchiaini di sciroppo d'acero, più a piacere

PASSI

1. In un robot da cucina, unire i semi di girasole, 1 tazza di cocco grattugiato, la cannella e il sale e frullare fino a ottenere un buon pasto.

2. Aggiungere i datteri e le carote e frullare fino a quando il composto non si unisce e si attacca. Assaggia e aggiungi altro sciroppo d'acero se desideri che i tuoi morsi siano più dolci. Se il composto è troppo secco, aggiungere altro sciroppo d'acero; se è troppo umido, aggiungi altro cocco e /

o lascia raffreddare il composto in frigorifero per 20 minuti per rassodare.

3. Usa un cucchiaio per raccogliere la miscela, quindi usa le mani per arrotolarla in palline di circa 1 pollice.

4. Arrotolare il cocco rimanente per rivestire l'esterno, se lo si desidera. Conservare in frigorifero in un contenitore ermetico per un massimo di 5 giorni.

CONCLUSIONE

La dieta mediterranea non è una dieta unica, ma piuttosto un modello alimentare che prende ispirazione dalla dieta dei paesi dell'Europa meridionale. C'è un'enfasi su cibi vegetali, olio d'oliva, pesce, pollame, fagioli e cereali.

Lightning Source UK Ltd.
Milton Keynes UK
UKHW021304060521
383235UK00005B/171

9 781801 978484